The Botanical Illustrations of Georg Ehret

Pomegranate

2000 DELUXE ENGAGEMENT BOOK

The Botanical Illustrations of Georg Ehret
from The Library and Archives at the Royal Botanic Gardens, Kew

Catalog No. 200002
Published by Pomegranate Communications, Inc.
Box 6099, Rohnert Park, California 94927
© 1999 Board of Trustees, Royal Botanic Gardens, Kew

Available in Canada from Firefly Books Ltd.,
3680 Victoria Park Avenue, Willowdale, Ontario M2H 3K1
Available in the UK and mainland Europe from Pomegranate Europe Ltd.,
Fullbridge House, Fullbridge, Maldon, Essex CM9 4LE, England
Available in Australia from Boobook Publications Pty. Ltd.,
P. O. Box 163 or Freepost 1, Tea Gardens, NSW 2324
Available in New Zealand from Randy Horwood Ltd.
P.O. Box 32-077, Devonport, Auckland
Available in Asia (including the Middle East), Africa, and
Latin America from Pomegranate International Sales,
113 Babcombe Drive, Thornhill, Ontario L3T 1M9, Canada

Pomegranate also publishes the 2000 wall calendar *Margaret Mee: Flowers of the Amazon* in association with the Royal Botanic Gardens, Kew. Full-color catalogs of our calendars, notecards, boxed notes, notecard folios, postcards, books of postcards, address books, books of days, posters, art magnets, Knowledge Cards™, bookmarks, journals, and books are available at a nominal fee. For information on obtaining catalogs or placing an order, please contact Pomegranate Communications, Inc., Box 6099, Rohnert Park, California 94927; 800-227-1428; www.pomegranate.com.

Front cover image:
A new species of Iris found at Pitsburg, 1768
Body-color (gouache) on vellum, 19½ x 14 in.

The botanical names published in this engagement calendar are as they appear on the original illustrations. They have not been verified.

Designed by Elizabeth Key

All astronomical data supplied in this calendar are expressed in Greenwich Mean Time (GMT).
Moon phases and American, Canadian, and UK holidays are noted.

The pioneering botanist Carl Linnaeus wrote of Georg Dionysius Ehret's paintings: "Nothing equal was seen in the past and will be in the future." Ehret's acute observation, superb technique, and prolific output have put him with the great names in botanical illustration.

Ehret (1708–1770) was born in Heidelberg, the son of a market gardener who instructed him in drawing. He worked as a gardener and devoted every spare hour to the study and depiction of plants. Eventually, Ehret moved fully into the field of botanical illustration, working in Austria, France, Holland, and England, where he settled in 1736. His gardening experience and his association with eminent scientists like Linnaeus contributed strongly to the detail and accuracy of his work; the assistance of wealthy and influential patrons saw his paintings eagerly purchased and widely reproduced.

Ehret's flower portraits appear in Linnaeus's *Hortus Cliffortianus* (1737) and Jacob Trew's *Plantae Selectae* (1750–1753), among a great many other published works.

Ladies Slipper from virginia, 1756
Body-color (gouache) on vellum, 19½ x 14 in.

december *january*

monday 27 ³⁶¹
Boxing Day Observed (Canada, UK)

tuesday 28 ³⁶²

wednesday 29 ³⁶³
Last Quarter

thursday 30 ³⁶⁴

friday 31 ³⁶⁵

saturday 1 ¹
New Year's Day

sunday 2 ²

S	S	M	T	W	T	F	S	S	M	T	W	T	F	S	S	M	T	W	T	F	S	S	M	T	W	T	F	S	S	M
1	2	3	4	5	6	7	8	9	10	11	12	13	14	15	16	17	18	19	20	21	22	23	24	25	26	27	28	29	30	31

january

january

3 **3** monday
Bank Holiday (UK)

4 **4** tuesday
Bank Holiday (Scotland only)

5 **5** wednesday

6 **6** thursday
New Moon

7 **7** friday

8 **8** saturday

9 **9** sunday

notes

january

monday *10* 10

tuesday *11* 11

wednesday *12* 12

thursday *13* 13

friday *14* 14
First Quarter

saturday *15* 15
Martin Luther King Jr.'s Birthday

sunday *16* 16

S S M T W T F S S M T W T F S S M T W T F S S M T W T F S S M
1 2 3 4 5 6 7 8 9 10 11 12 13 14 15 16 17 18 19 20 21 22 23 24 25 26 27 28 29 30 31

january

Jasminum ramo uniflore, pleno, petalis coriaceis, 1760
Body-color (gouache) on vellum, 19½ x 14 in.

january

monday *17* 17
Martin Luther King Jr. Day

tuesday *18* 18

wednesday *19* 19

thursday *20* 20

friday *21* 21
Full Moon

saturday *22* 22

sunday *23* 23

S S M T W T F S S M T W T F S S M T W T F S S M T W T F S S M
1 2 3 4 5 6 7 8 9 10 11 12 13 14 15 16 17 18 19 20 21 22 23 24 25 26 27 28 29 30 31

january

january

24 *24* monday

25 *25* tuesday

26 *26* wednesday

27 *27* thursday

28 *28* friday
Last Quarter

29 *29* saturday

30 *30* sunday

notes

january february

monday *31* 31

tuesday *1* 32

wednesday *2* 33

thursday *3* 34

friday *4* 35

saturday *5* 36
New Moon

sunday *6* 37

T W T F S S M T W T F S S M T W T F S S M T W T F S S M T
1 2 3 4 5 6 7 8 9 10 11 12 13 14 15 16 17 18 19 20 21 22 23 24 25 26 27 28 29

february

Tsabekki, frutex flore rofeo, fructu pyri-formi tricocco, 1756
Body-color (gouache) on vellum, 19½ x 14 in.

february

monday *7* 38

tuesday *8* 39

wednesday *9* 40

thursday *10* 41

friday *11* 42

saturday *12* 43
Lincoln's Birthday
First Quarter

sunday *13* 44

T W T F S S M T W T F S S M T W T F S S M T W T F S S M T
1 2 3 4 5 6 7 8 9 10 11 12 13 14 15 16 17 18 19 20 21 22 23 24 25 26 27 28 29

february

february

45 *14* monday
Valentine's Day

46 *15* tuesday

47 *16* wednesday

48 *17* thursday

49 *18* friday

50 *19* saturday
Full Moon

51 *20* sunday

notes

february

monday *21* 52
Presidents' Day

tuesday *22* 53
Washington's Birthday

wednesday *23* 54

thursday *24* 55

friday *25* 56

saturday *26* 57

sunday *27* 58
Last Quarter

T	W	T	F	S	S	M	T	W	T	F	S	S	M	T	W	T	F	S	S	M	T	W	T	F	S	S	M	T
1	2	3	4	5	6	7	8	9	10	11	12	13	14	15	16	17	18	19	20	21	22	23	24	25	26	27	28	29

february

Theobroma augusta, 1770
Body-color (gouache) on vellum, 19½ x 14 in.

february — march

monday 28   59

tuesday 29   60

wednesday 1   61

thursday 2   62

friday 3   63

saturday 4   64

sunday 5   65

W	T	F	S	S	M	T	W	T	F	S	S	M	T	W	T	F	S	S	M	T	W	T	F	S	S	M	T	W	T	F
1	2	3	4	5	6	7	8	9	10	11	12	13	14	15	16	17	18	19	20	21	22	23	24	25	26	27	28	29	30	31

march

march

66 **6** monday
New Moon

67 **7** tuesday

68 **8** wednesday
Ash Wednesday

69 **9** thursday

70 **10** friday

71 **11** saturday

72 **12** sunday

notes

march

monday *13* 73
First Quarter

tuesday *14* 74

wednesday *15* 75

thursday *16* 76

friday *17* 77
St. Patrick's Day
Bank Holiday (N. Ireland)

saturday *18* 78

sunday *19* 79

W T F S S M T W T F S S M T W T F S S M T W T F S S M T W T F
1 2 3 4 5 6 7 8 9 10 11 12 13 14 15 16 17 18 19 20 21 22 23 24 25 26 27 28 29 30 31

march

Granadilla Americana; folio oblongo, leviter ferrato: petalis ex viridi rubescentibus, 1757
Body-color (gouache) on vellum, 19½ x 14 in.

march

monday *20* [80]
Full Moon
Vernal Equinox
7:35 A.M. (GMT)

tuesday *21* [81]

wednesday *22* [82]

thursday *23* [83]

friday *24* [84]

saturday *25* [85]

sunday *26* [86]

W	T	F	S	S	M	T	W	T	F	S	S	M	T	W	T	F	S	S	M	T	W	T	F	S	S	M	T	W	T	F
1	2	3	4	5	6	7	8	9	10	11	12	13	14	15	16	17	18	19	20	21	22	23	24	25	26	27	28	29	30	31

march

Iris bulbosa latifolia, Caule donata, 1757
Body-color (gouache) on vellum, 19½ x 14 in.

march april

monday *27* 87

tuesday *28* 88
Last Quarter

wednesday *29* 89

thursday *30* 90

friday *31* 91

saturday *1* 92

sunday *2* 93
Daylight Saving Time Begins

S	S	M	T	W	T	F	S	S	M	T	W	T	F	S	S	M	T	W	T	F	S	S	M	T	W	T	F	S	S
1	2	3	4	5	6	7	8	9	10	11	12	13	14	15	16	17	18	19	20	21	22	23	24	25	26	27	28	29	30

april

april

94 *3* monday

95 *4* tuesday
New Moon

96 *5* wednesday

97 *6* thursday

98 *7* friday

99 *8* saturday

100 *9* sunday

notes

april

monday *10* 101

tuesday *11* 102
First Quarter

wednesday *12* 103

thursday *13* 104

friday *14* 105

saturday *15* 106

sunday *16* 107
Palm Sunday

S	S	M	T	W	T	F	S	S	M	T	W	T	F	S	S	M	T	W	T	F	S	S	M	T	W	T	F	S	S
1	2	3	4	5	6	7	8	9	10	11	12	13	14	15	16	17	18	19	20	21	22	23	24	25	26	27	28	29	30

april

Campanula minor alpina rotundioribus imis foliis, 1757
Body-color (gouache) on vellum, 19½ x 14 in.

april

monday *17* 108

tuesday *18* 109
Full Moon

wednesday *19* 110
Passover (begins at sunset)

thursday *20* 111

friday *21* 112
Good Friday

saturday *22* 113
Earth Day

sunday *23* 114
Easter Sunday

S	S	M	T	W	T	F	S	S	M	T	W	T	F	S	S	M	T	W	T	F	S	S	M	T	W	T	F	S	S
1	2	3	4	5	6	7	8	9	10	11	12	13	14	15	16	17	18	19	20	21	22	23	24	25	26	27	28	29	30

april

april

115 *24* monday
Easter Monday (Canada, UK)

116 *25* tuesday

117 *26* wednesday
Last Quarter

118 *27* thursday

119 *28* friday

120 *29* saturday

121 *30* sunday

notes

may

monday *1* 122
Bank Holiday (UK)

tuesday *2* 123

wednesday *3* 124

thursday *4* 125
New Moon

friday *5* 126
Cinco de Mayo

saturday *6* 127

sunday *7* 128

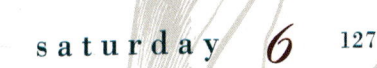

may

Syringa alba, five Philadelphus Athenaei, 1757
Body-color (gouache) on vellum, 19½ x 14 in.

may

monday *8* 129

tuesday *9* 130

wednesday *10* 131
First Quarter

thursday *11* 132

friday *12* 133

saturday *13* 134

sunday *14* 135
Mother's Day

M T W T F S S M T W T F S S M T W T F S S M T W T F S S M T W
1 2 3 4 5 6 7 8 9 10 11 12 13 14 15 16 17 18 19 20 21 22 23 24 25 26 27 28 29 30 31

may

may

136 *15* monday

137 *16* tuesday

138 *17* wednesday

139 *18* thursday
Full Moon

140 *19* friday

141 *20* saturday
Armed Forces Day

142 *21* sunday

notes

may

monday 22 143
Victoria Day (Canada)

tuesday 23 144

wednesday 24 145

thursday 25 146

friday 26 147
Last Quarter

saturday 27 148

sunday 28 149

T	W	T	F	S	S		T	W	T	F	S	S		T	W	T	F	S	S		T	W	T	F	S	S		T	W
1	2	3	4	5	6	7	8	9	10	11	12	13	14	15	16	17	18	19	20	21	22	23	24	25	26	27	28	29	30	31

may

Hibiscus foliis palmato-digitatis septempartitis, 1761
Body-color (gouache) on vellum, 19½ x 14 in.

may *june*

monday 29 150
Memorial Day Observed
Late Bank Holiday (UK)

tuesday 30 151
Memorial Day

wednesday 31 152

thursday 1 153

friday 2 154
New Moon

saturday 3 155

sunday 4 156

T F S S M T W T F S S M T W T F S S M T W T F S S M T W T F
1 2 3 4 5 6 7 8 9 10 11 12 13 14 15 16 17 18 19 20 21 22 23 24 25 26 27 28 29 30

june

j u n e

157 *5* m o n d a y

158 *6* t u e s d a y

159 *7* w e d n e s d a y

160 *8* t h u r s d a y

161 *9* f r i d a y
First Quarter

162 *10* s a t u r d a y

163 *11* s u n d a y

n o t e s

june

monday *12* 164

tuesday *13* 165

wednesday *14* 166
Flag Day

thursday *15* 167

friday *16* 168
Full Moon

saturday *17* 169

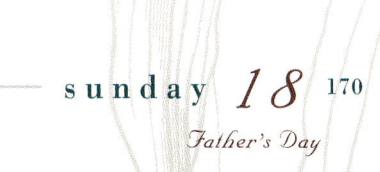

sunday *18* 170
Father's Day

T	F	S	S	M	T	W	T	F	S	S	M	T	W	T	F	S	S	M	T	W	T	F	S	S	M	T	W	T	F
1	2	3	4	5	6	7	8	9	10	11	12	13	14	15	16	17	18	19	20	21	22	23	24	25	26	27	28	29	30

june

A new species of Iris found at Pitsburg, 1768
Body-color (gouache) on vellum, 19½ x 14 in.

june

monday *19* 171

tuesday *20* 172

wednesday *21* 173
Summer Solstice
1:48 A.M. (GMT)

thursday *22* 174

friday *23* 175

saturday *24* 176

sunday *25* 177
Last Quarter

T	F	S	S	M	T	W	T	F	S	S	M	T	W	T	F	S	S	M	T	W	T	F	S	S	M	T	W	T	F
1	2	3	4	5	6	7	8	9	10	11	12	13	14	15	16	17	18	19	20	21	22	23	24	25	26	27	28	29	30

june

Malva vulgaris, 1757
Body-color (gouache) on vellum, 19½ x 14 in.

june july

monday 26 · 178

tuesday 27 · 179

wednesday 28 · 180

thursday 29 · 181

friday 30 · 182

saturday 1 · 183
Canada Day (Canada)
New Moon

sunday 2 · 184

S S M T W T F S S M T W T F S S M T W T F S S M T W T F S S M
1 2 3 4 5 6 7 8 9 10 11 12 13 14 15 16 17 18 19 20 21 22 23 24 25 26 27 28 29 30 31

july

july

185 **3** monday
Canada Day Observed (Canada)

186 **4** tuesday
Independence Day

187 **5** wednesday

188 **6** thursday

189 **7** friday

190 **8** saturday
First Quarter

191 **9** sunday

notes

july

monday 10 ₁₉₂

tuesday 11 ₁₉₃

wednesday 12 ₁₉₄
Bank Holiday (N. Ireland)

thursday 13 ₁₉₅

friday 14 ₁₉₆

saturday 15 ₁₉₇

sunday 16 ₁₉₈
Full Moon

S S M T W T F S S M T W T F S S M T W T F S S M T W T F S S M
1 2 3 4 5 6 7 8 9 10 11 12 13 14 15 16 17 18 19 20 21 22 23 24 25 26 27 28 29 30 31

july

Convolvulus vulgaris major albus, 1756
Body-color (gouache) on vellum, 19½ x 14 in.

july

monday *17* 199

tuesday *18* 200

wednesday *19* 201

thursday *20* 202

friday *21* 203

saturday *22* 204

sunday *23* 205

S	S	M	T	W	T	F	S	S	M	T	W	T	F	S	S	M	T	W	T	F	S	S	M	T	W	T	F	S	S	M
1	2	3	4	5	6	7	8	9	10	11	12	13	14	15	16	17	18	19	20	21	22	23	24	25	26	27	28	29	30	31

july

july

206 *24* monday
Last Quarter

207 *25* tuesday

208 *26* wednesday

209 *27* thursday

210 *28* friday

211 *29* saturday

212 *30* sunday

notes

july *august*

monday *31* 213
New Moon

tuesday *1* 214

wednesday *2* 215

thursday *3* 216

friday *4* 217

saturday *5* 218

sunday *6* 219

T	W	T	F	S	S	M	T	W	T	F	S	S	M	T	W	T	F	S	S	M	T	W	T	F	S	S	M	T	W	T
1	2	3	4	5	6	7	8	9	10	11	12	13	14	15	16	17	18	19	20	21	22	23	24	25	26	27	28	29	30	31

august

*Ketmia Brasiliensis, folio Ficus,
fructu pyramidato fulcato*, 1760
Body-color (gouache) on vellum, 19½ x 14 in.

august

monday *7* 220
Bank Holiday (Scotland)
First Quarter

tuesday *8* 221

wednesday *9* 222

thursday *10* 223

friday *11* 224

saturday *12* 225

sunday *13* 226

T W T F S S M T W T F S S M T W T F S S M T W T F S S M T W T
1 2 3 4 5 6 7 8 9 10 11 12 13 14 15 16 17 18 19 20 21 22 23 24 25 26 27 28 29 30 31

august

august

227 *14* monday

228 *15* tuesday
Full Moon

229 *16* wednesday

230 *17* thursday

231 *18* friday

232 *19* saturday

233 *20* sunday

notes

august

monday *21* 234

tuesday *22* 235
Last Quarter

wednesday *23* 236

thursday *24* 237

friday *25* 238

saturday *26* 239

sunday *27* 240

T W T F S S ♐ T W T F S S ♐ T W T F S S ♐ T W T F S S ♐ T W T
1 2 3 4 5 6 7 8 9 10 11 12 13 14 15 16 17 18 19 20 21 22 23 24 25 26 27 28 29 30 31

august

Gentiana Alpina, flore magno, 1757
Body-color (gouache) on vellum, 19½ x 14 in.

august september

monday *28* 241
Bank Holiday (UK)

tuesday *29* 242
New Moon

wednesday *30* 243

thursday *31* 244

friday *1* 245

saturday *2* 246

sunday *3* 247

F S S M T W T F S S M T W T F S S M T W T F S S M T W T F S
1 2 3 4 5 6 7 8 9 10 11 12 13 14 15 16 17 18 19 20 21 22 23 24 25 26 27 28 29 30

september

september

248 *4* monday
Labor Day (US and Canada)

249 *5* tuesday
First Quarter

250 *6* wednesday

251 *7* thursday

252 *8* friday

253 *9* saturday

254 *10* sunday

notes

september

monday 11 255

tuesday 12 256

wednesday 13 257
Full Moon

thursday 14 258

friday 15 259

saturday 16 260

sunday 17 261

F S S M T W T F S S M T W T F S S M T W T F S S M T W T F S
1 2 3 4 5 6 7 8 9 10 11 12 13 14 15 16 17 18 19 20 21 22 23 24 25 26 27 28 29 30

september

Trichosanthes pomis teretibus oblongis incurvatis, 1751
Body-color (gouache) on vellum, 19½ x 14 in.

september

monday 18 262

tuesday 19 263

wednesday 20 264

thursday 21 265
Last Quarter

friday 22 266
*Autumnal Equinox
5:27 P.M. (GMT)*

saturday 23 267

sunday 24 268

F	S	S	M	T	W	T	F	S	S	M	T	W	T	F	S	S	M	T	W	T	F	S	S	M	T	W	T	F	S
1	2	3	4	5	6	7	8	9	10	11	12	13	14	15	16	17	18	19	20	21	22	23	24	25	26	27	28	29	30

september

Gossypium, 1760
Body-color (gouache) on vellum, 19½ x 14 in.

september / october

monday 25 269

tuesday 26 270

wednesday 27 271
New Moon

thursday 28 272

friday 29 273
*Rosh Hashanah
(begins at sunset)*

saturday 30 274

sunday 1 275

S	M	T	W	T	F	S	S	M	T	W	T	F	S	S	M	T	W	T	F	S	S	M	T	W	T	F	S	S	M	T
1	2	3	4	5	6	7	8	9	10	11	12	13	14	15	16	17	18	19	20	21	22	23	24	25	26	27	28	29	30	31

october

october

276　2　monday

277　3　tuesday

278　4　wednesday

279　5　thursday
First Quarter

280　6　friday

281　7　saturday

282　8　sunday
Yom Kippur (begins at sunset)

notes

october

monday 9 283
Columbus Day Observed
Thanksgiving Day (Canada)

tuesday 10 284

wednesday 11 285

thursday 12 286
Columbus Day

friday 13 287
Full Moon

saturday 14 288

sunday 15 289

S M T W T F S S M T W T F S S M T W T F S S M T W T F S S M T
1 2 3 4 5 6 7 8 9 10 11 12 13 14 15 16 17 18 19 20 21 22 23 24 25 26 27 28 29 30 31

october

Xiphion Persicum præcox, flore variegato, 1757
Body-color (gouache) on vellum, 19½ x 14 in.

october

monday 16 *290*

tuesday 17 *291*

wednesday 18 *292*

thursday 19 *293*

friday 20 *294*
Last Quarter

saturday 21 *295*

sunday 22 *296*

S	M	T	W	T	F	S	S	M	T	W	T	F	S	S	M	T	W	T	F	S	S	M	T	W	T	F	S	S	M	T
1	2	3	4	5	6	7	8	9	10	11	12	13	14	15	16	17	18	19	20	21	22	23	24	25	26	27	28	29	30	31

october

october

297 **23** monday

298 **24** tuesday
United Nations Day

299 **25** wednesday

300 **26** thursday

301 **27** friday
New Moon

302 **28** saturday

303 **29** sunday
Daylight Saving Time Ends

notes

october *november*

monday *30* 304

tuesday *31* 305
Halloween

wednesday *1* 306

thursday *2* 307

friday *3* 308

saturday *4* 309
First Quarter

sunday *5* 310

W	T	F	S	S	M	T	W	T	F	S	S	M	T	W	T	F	S	S	M	T	W	T	F	S	S	M	T	W	T
1	2	3	4	5	6	7	8	9	10	11	12	13	14	15	16	17	18	19	20	21	22	23	24	25	26	27	28	29	30

november

Sebestena scabra flore miniato crispo, 1743
Body-color (gouache) on vellum, 19½ x 14 in.

november

monday *6* 311

tuesday *7* 312
Election Day

wednesday *8* 313

thursday *9* 314

friday *10* 315
Veterans Day Observed

saturday *11* 316
Veterans Day
Remembrance Day (Canada)
Full Moon

sunday *12* 317

W T F S S M T W T F S S M T W T F S S M T W T F S S M T W
1 2 3 4 5 6 7 8 9 10 11 12 13 14 15 16 17 18 19 20 21 22 23 24 25 26 27 28 29 30

november

november

318 **13** monday
Remembrance Day Observed
(Canada)

319 **14** tuesday

320 **15** wednesday

321 **16** thursday

322 **17** friday

323 **18** saturday
Last Quarter

324 **19** sunday

notes

november

monday *20* 325

tuesday *21* 326

wednesday *22* 327

thursday *23* 328
Thanksgiving Day

friday *24* 329

saturday *25* 330
New Moon

sunday *26* 331

W T F S S M T W T F S S M T W T F S S M T W T F S S M T W T
1 2 3 4 5 6 7 8 9 10 11 12 13 14 15 16 17 18 19 20 21 22 23 24 25 26 27 28 29 30

november

Aloe Africana flore rubro, folio maculis albicantibus ab utraque parte notato, 1756
Body-color (gouache) on vellum, 19½ x 14 in.

november *december*

monday *27* 332

tuesday *28* 333

wednesday *29* 334

thursday *30* 335

friday *1* 336

saturday *2* 337

sunday *3* 338

F	S	S	M	T	W	T	F	S	S	M	T	W	T	F	S	S	M	T	W	T	F	S	S	M	T	W	T	F	S	S
1	2	3	4	5	6	7	8	9	10	11	12	13	14	15	16	17	18	19	20	21	22	23	24	25	26	27	28	29	30	31

december

december

339 *4* monday
First Quarter

340 *5* tuesday

341 *6* wednesday

342 *7* thursday

343 *8* friday

344 *9* saturday

345 *10* sunday

notes

december

monday *11* 346
Full Moon

tuesday *12* 347

wednesday *13* 348

thursday *14* 349

friday *15* 350

saturday *16* 351

sunday *17* 352

F S S M T W T F S S M T W T F S S M T W T F S S M T W T F S S
1 2 3 4 5 6 7 8 9 10 11 12 13 14 15 16 17 18 19 20 21 22 23 24 25 26 27 28 29 30 31

december

Amaranthus Cristatus, colore kermesino, 1760
Body-color (gouache) on vellum, 19½ x 14 in.

december

monday 18 353
Last Quarter

tuesday 19 354

wednesday 20 355

thursday 21 356
Hanukkah (begins at sunset)
Winter Solstice 1:37 P.M. (GMT)

friday 22 357

saturday 23 358

sunday 24 359

F S M T W T F S S M T W T F S S M T W T F S S M T W T F S S
1 2 3 4 5 6 7 8 9 10 11 12 13 14 15 16 17 18 19 20 21 22 23 24 25 26 27 28 29 30 31

december

december

360 **25** monday
Christmas Day
New Moon

361 **26** tuesday
Kwanzaa Begins
Boxing Day
(Canada, UK)

362 **27** wednesday

363 **28** thursday

364 **29** friday

365 **30** saturday

366 **31** sunday

notes

Notes

2000

january
S	M	T	W	T	F	S
						1
2	3	4	5	6	7	8
9	10	11	12	13	14	15
16	17	18	19	20	21	22
23	24	25	26	27	28	29
30	31					

february
S	M	T	W	T	F	S
		1	2	3	4	5
6	7	8	9	10	11	12
13	14	15	16	17	18	19
20	21	22	23	24	25	26
27	28	29				

march
S	M	T	W	T	F	S
			1	2	3	4
5	6	7	8	9	10	11
12	13	14	15	16	17	18
19	20	21	22	23	24	25
26	27	28	29	30	31	

april
S	M	T	W	T	F	S
						1
2	3	4	5	6	7	8
9	10	11	12	13	14	15
16	17	18	19	20	21	22
23	24	25	26	27	28	29
30						

may
S	M	T	W	T	F	S
	1	2	3	4	5	6
7	8	9	10	11	12	13
14	15	16	17	18	19	20
21	22	23	24	25	26	27
28	29	30	31			

june
S	M	T	W	T	F	S
				1	2	3
4	5	6	7	8	9	10
11	12	13	14	15	16	17
18	19	20	21	22	23	24
25	26	27	28	29	30	

july
S	M	T	W	T	F	S
						1
2	3	4	5	6	7	8
9	10	11	12	13	14	15
16	17	18	19	20	21	22
23	24	25	26	27	28	29
30	31					

august
S	M	T	W	T	F	S
		1	2	3	4	5
6	7	8	9	10	11	12
13	14	15	16	17	18	19
20	21	22	23	24	25	26
27	28	29	30	31		

september
S	M	T	W	T	F	S
					1	2
3	4	5	6	7	8	9
10	11	12	13	14	15	16
17	18	19	20	21	22	23
24	25	26	27	28	29	30

october
S	M	T	W	T	F	S
1	2	3	4	5	6	7
8	9	10	11	12	13	14
15	16	17	18	19	20	21
22	23	24	25	26	27	28
29	30	31				

november
S	M	T	W	T	F	S
			1	2	3	4
5	6	7	8	9	10	11
12	13	14	15	16	17	18
19	20	21	22	23	24	25
26	27	28	29	30		

december
S	M	T	W	T	F	S
					1	2
3	4	5	6	7	8	9
10	11	12	13	14	15	16
17	18	19	20	21	22	23
24	25	26	27	28	29	30
31						

2001

january
S	M	T	W	T	F	S
	1	2	3	4	5	6
7	8	9	10	11	12	13
14	15	16	17	18	19	20
21	22	23	24	25	26	27
28	29	30	31			

may
S	M	T	W	T	F	S
		1	2	3	4	5
6	7	8	9	10	11	12
13	14	15	16	17	18	19
20	21	22	23	24	25	26
27	28	29	30	31		

september
S	M	T	W	T	F	S
						1
2	3	4	5	6	7	8
9	10	11	12	13	14	15
16	17	18	19	20	21	22
23	24	25	26	27	28	29
30						

february
S	M	T	W	T	F	S
				1	2	3
4	5	6	7	8	9	10
11	12	13	14	15	16	17
18	19	20	21	22	23	24
25	26	27	28			

june
S	M	T	W	T	F	S
					1	2
3	4	5	6	7	8	9
10	11	12	13	14	15	16
17	18	19	20	21	22	23
24	25	26	27	28	29	30

october
S	M	T	W	T	F	S
	1	2	3	4	5	6
7	8	9	10	11	12	13
14	15	16	17	18	19	20
21	22	23	24	25	26	27
28	29	30	31			

march
S	M	T	W	T	F	S
				1	2	3
4	5	6	7	8	9	10
11	12	13	14	15	16	17
18	19	20	21	22	23	24
25	26	27	28	29	30	31

july
S	M	T	W	T	F	S
1	2	3	4	5	6	7
8	9	10	11	12	13	14
15	16	17	18	19	20	21
22	23	24	25	26	27	28
29	30	31				

november
S	M	T	W	T	F	S
				1	2	3
4	5	6	7	8	9	10
11	12	13	14	15	16	17
18	19	20	21	22	23	24
25	26	27	28	29	30	

april
S	M	T	W	T	F	S
1	2	3	4	5	6	7
8	9	10	11	12	13	14
15	16	17	18	19	20	21
22	23	24	25	26	27	28
29	30					

august
S	M	T	W	T	F	S
			1	2	3	4
5	6	7	8	9	10	11
12	13	14	15	16	17	18
19	20	21	22	23	24	25
26	27	28	29	30	31	

december
S	M	T	W	T	F	S
						1
2	3	4	5	6	7	8
9	10	11	12	13	14	15
16	17	18	19	20	21	22
23	24	25	26	27	28	29
30	31					

personal information

name
address
city
state   zip
home phone   fax
work phone   cell/pager
email

In case of emergency, please notify:

name
address
city
state   zip
phone

Medical Information:

physician's name
physician's phone
health insurance company
plan number
allergies
other

Other Information:

driver's license number
car insurance company
policy number